JN438034

세월이 흐른 뒤에

지성 · 감성의 메타언어
조선문학시인선 · 247

세월이 흐른 뒤에

정 재 은 시집

조선문학사

■ 책머리에

다섯 번째 시집을 『세월이 흐른 뒤에』란 타이틀로 엮어낸다.

건강에 쫓기다 보니 마음은 잰걸음으로 앞서 가나 행동이 뒤따르지 못해 늦어졌다.

내 시는 비교적 단형이다. 호흡이 짧기도 하지만 나름대로 시는 운문이라는 정공법을 쓰고 싶어서이다.

정공법이라고는 하지만 특별히 시법이 따로 있는 것은 아니고 그렇다고 타성으로 쓰기는 싫은 쪽에 나는 서고 싶다.

내 시는 비교적 현장을 쫓아다니며 쓰는 시다. 일테면 발로 뛰는 시라고나 할까, 부지런히 돌아다니며 얻은 착상들을 나름대로 재구성, 시로 써왔던 것도 그 때문이다.

앞으로도 앞만 보고 꾸준히 걸어갈 작정이다.

바쁘신 중 평설을 써주신 박진환 박사님과 조선문학 스텝들의 수고에 감사를 드린다.

2008년 初秋
정 재 은 씀

정재은 시집 **세월이 흐른 뒤에**

제2부 / 계절로 말하기

제3부 / 색깔 없는 박꽃

제4부 / 기행시 편

제1부

허공에 묻고 싶다

한그루 고목나무

한그루 고목
바람으로 서서
바람으로 살다가
바람으로 돌아갈
한그루 고목

나무도 만년이 된
나무는
그 精이 靑牛로 화한다는데
가슴에 또다른 푸르름
심고 산 때문일까
푸르름으로 살고 싶은 때문일까

고목
한그루

허공에 묻고 싶다

칠월 장마 칼로 터뜨린 하늘 구멍들
인간의 가슴에 내려붙는 이글이글 불화로
작두장마 불벼락에 타죽는 사람들
콩밭에 풋내 나도록 씻긴 무총들
김치재료 들고 허공에 무슨 김치 담글까 묻고 싶다
세상 사람사람 제 입맛 따로따로
어떻게 맞춰야 만족할지
수 많은 문제 남긴 장마 떠난 허공에
묻고 싶은 마음만 장마속에 빠져버려

금혼의 동서남북

지난 세월 다 잊고 다시 한번
예쁜 꽃밭 가꾸고 싶다
사계절 중 고추잠자리 놀다
호랑나비 날아와 훨훨 날갯짓 털털 지우다
옛날이 그리워라 뒤돌아보고 싶지 않다는 듯
구겨져 주름진 마음만 모로 접고 가로 접고
불끈 접고 살아온 그날들 등 굽은 검붉은 꽃
인간은 갈고 닦고 씻고 헹궈보면
한 줌의 흙이 나오더라
많이 일궈 놓은 사람은
오라는 명장 받고 보니 짐이 너무 무거워
힘들고 소풍 배낭 옷 한 벌이면

나팔꽃 인생

산다는 것 인생이 어찌하면
잘 살았다고 하겠니
아침에 눈 뜨고 피어나 태양과 하루살고 나면
저녁에 슬픈 마음 만족하겠니
하루하루 시간먹고 속고 사는 나팔꽃 인생이지만
어두운 밤 달빛 속에 분수없이
솟구쳐 빙빙 오르는 인생줄기 리듬 맞춰
새롭게 쏘아 올리며 한순간 자유로 피어나
잊고 싶은 나팔꽃 생각들 슬며시 흘려보낸다

사람 사는 방법

어느 건물 삼층은 콜라텍 검은 불빛
음악이 흘러 나오고 쌍쌍 연인들이다
사층은 물건 파는 매장
더듬거리며 매장 들어갔다
모두 힘든 세월이지만
아들 손자 같은 영업사원 뛰는 모습 보면
고령의 손때 묻은 용돈 풀어 돕기 작전이다
사람 사는 곳마다 발길 돌리며 그런저런 세상
누구나 하루 밥 세 번 먹는 것 잠자는 것 마찬가지
돌아갈 때는 어차피 빈손 빈잔이다

고령이 흐른 세월 뒤

청초한 도라지꽃 같이 살아온 푸른 세월
남는게 언제나 푸른 산이다
죽은 듯이 죽은 듯이
그렇게 그렇게 살다 가고 싶다
그렇게 살다가 모든 지나간 것들이
식어가는 심장에 다시 산책을 했기에
소중한 삶의 벗들 덕분으로 남는다면
감추고 감추고 싶은 부모마음 훗날 풀잎 잡고
세월의 허공에게 들어보아라
가고난 세월 흐른 뒤

복을 먹는 사람들

복중에 좋은 복만은 먹지도 못한 임복이 최고다
즐기며 먹으며 받으며 삼복이 만복이다
어느해 초복이라 하더니 벌써 중복도 가고
말복 많이 남았는데 그리 반갑지 않다
사람들 말복만을 즐기지 말라고
돌아도 보지 말라고 마음 당당히 당부하고 싶다
우리 사는 방법은 시원한 중복이면
마음 비운 듯 그 중 찾아오는 복만이 자기 복이다

멋대로 사는 난 모습보며

언제나 난순이 너는 내친구
억순이 닮은 그 모습 조용하면서도
야 야한 구석구석이 맘에 든다
즐거울 때 같이 웃어주고
우울할 때 같이 풀어주는 산사의 높은 탑
때로는 심장과 구백냥의 눈으로
항생제로 너를 마셔본다
때로는 와인잔에 뜬 난 순이는 언제나 내 친구

한강 지나며 슬픈 마음

이승과 저승길 선택한 영안실 찾아가는 길
어제는 마지막 떠나는 그의 눈물인지
하루종일 하늘도 울더니
오늘 아침 한강 붉은 햇살로 떨어진 입다문 강
세월에 마음 싣고 속 울음강으로 흘러간다
살아 진천 죽어 용인 용인을 고집한 그 모습
잡지 못하고 보내는 마음 간수되어 고인다
이승과 같이 용인 토담집 그 동네도
어렵고도 슬픈 입주가 한창들이다
소풍길 오래오래 잘 놀다
이 세상에서 아픈 마음 남기고 왔던 마지막 길로
되돌아 떠나가는 모습

경제시대 낙엽들

가을오기 전에 길에는 쌀쌀히 뒹구는 낙엽
세월 먹기전에 경제 먹고 찬 바람에
떨어진 낙엽을 보면 서민들 옷자락이다
집 없는 서민들 추워 떨고
트럭에 실려가는 쌀을 보면 배 불러 떤다
아파트 분양 자율화시킨 그는 누구인가
건너지 못할 강은 만들지 말아야지
세금 고지서 보면 석유도 안 먹었는데
배탈이 나 화장실이 급해진다

인생마차길 따라

한 생의 길 따라 가다보면
산길 물길 들길 평탄치만 어느 굴곡에서는
심장을 불태우고 무게 없는 걸음
슬피 울던 날 허무인생을 돌아본다
사계절 피고 지는 꽃들을 다 보내고
물위에 떠가는 생의 마차 달구지가 없구나
서녘에 서서 스스로 잠기는 내 몸
바닷가가 아닌 바닷가에 서서
인생 마차길 따라 세월의 자연길 따라

구걸의 발걸음

구걸하기 위해 아픈 몸을 움츠리고
간판에 뚜렷한 집만 찾아다닌다
밝은 햇살 아래 찾아가 어설픈 손을 구걸로 내민다
어느 정도의 양이 차면 돌아보지 않고
돌아서는 양심의 밥그릇이 부끄럽다
또 딴집 이 집 저 집 가기 위해 바쁜 마음
만족은 없어도 그날그날 살기 위해서다
언제나 빚을 많이 지고 사는 구걸의 밥그릇
수명연장에는 염치 코치도 모르는 셈이다

목적 없는 생활이다

요사이는 매일같이 병원 신세뿐이다
눈뜨고 나면 그저 이 병원 저 병원 신세다
아침 일찍 집 나설 때 베란다서 웃어주는
꽃들을 보면 눈 키스를 주고 나간다
오후에 지친 몸으로 들어와 보면 마음만 허전할 뿐이다
사남매 자식들 기르고, 학교 보내고 할 때 생각이
너무나 아쉽고 허전하다
나에게 그저 눈길 주는 꽃들이 있어 눈물을 본다
만지고 키스 한번 못하는 그런 맘으로 너희들을 보낸다

허무한 생각

칠월 장마 속 세월 어느덧
폭염 속 삼복이 훌쩍 떠나고
입추를 맞고 보니
수해로 흘러 보낸 세월들이
그리 순탄치만 않고 한 살 더
한 가지 병만 더 얻고 이 병원 저 병원
돈 싸다 주는 일과로 살고
찌푸린 가을 한잔 마시고 고개숙인 벼들
만삭으로 절개를 기다리는 벼들
이렇게 또 한해를 어쩔 수 없이 보낸다

한가위 한옥마을

한옥마을을 찾은 것은
자식들이 왔다 떠난 빈 허허로운 공허
남산은 열린 마음으로 웃고
타워탑은 한눈에 마음의 주사바늘
이 곳도 예년 같지 않고 산정기만 풍년
웅덩이 물 흐른 소리 심장고동소리
가을은 가도 붉은 잎새가 되더라도
서리 묻지 않고 젖지 않는 매서운 가지로
남산 한옥 사철 푸른 고동으로

쌍춘년 폭염

삼복이 지나고 입추 지난
폭염의 기세는 쌍춘년 제몫 한다
언제 입춘 둘 들고 오기는 힘든 모양
사람들 입김에 오르내리며
밤 낮으로 밤이면 더 기승을 부리고
그래서 그런지 밤 낮 없이 날 없는
보이지 않는 무딘 칼을 휘둘러 댄다
놓칠세라 황금 일륜대사
그냥 보낼 수 없는 신혼 축제 분위기도
곱게 물든 산들 쌍춘년 걸음 붙잡는다

분당 서울대병원

- 조카의 쾌유를 빌면서

우울한 마음 단숨에 달려가 아무런 무효과에
속울음 절로 운다
이 병실 저 병실 주인의 쾌유를 비는 검정 구두
소리내어 웃어줄 날 빨리 왔으면
침대위의 환자보고 소원을 빌고 나면
세삼 건강이 찾아 오는 것 같다
황금보다 소중함을 느껴지는 건강
뒤돌아서 올 때 아름다운 병원 뜰
단풍색깔 보며 끌고 가는 세월을 본다

2005년을 보내며

몇 시간 뒤면 꼬리를 감추고 사라질 시간
언제나 이별은 아쉬움 남기고 떠나고
다사다난했던 한해 쌀개방으로
농민 가슴은 멍들고 오늘은 두 농민 피멍든
가슴으로 세상을 등지고 광화문과 여의도를
거쳐 영구로 떠났다
도시 서민들은 쌀값싼 대신 주머니 사정
전년보다 더 어렵기만하다
여의도 초등학교 교장선생은 망치만 두들기고
결석 학생들은 지각생 이름 없이 망치 못질
구경꾼 학부형들 월사금 봉투가 분통이 된다

호수공원에서

어느 한때는 시화호를 닮은 듯한
향기는 간 곳 없고
일산 육신 한 부위 내장으로
탈바꿈한 호수공원이다
조리 있게 조성된 늪과 쉼터들로
가을 닮아가는 호수에는 늙은 갈대들
무리지어 가슴 쓸어 내리고
쌍지어 무리로 향기 높은 호수 공원
연못에는 더위의 파라솔 연잎들
뒤돌아 서는 발걸음 더듬어진다

제2부

계절로 말하기

4월의 어느 주중

그래도 숨어서 피울 꽃 다 피우고
봄은 비와 황사 바람사이 숨어 버리고
성동교 지나 성수대교 가는 길
돌산 개나리꽃 유혹 손짓 한다
한강 건너 압구정 그 동네
항시 촌사람 가면 우리 길 분간 어렵다
FTA FTA 신토불이 갈비탕이 눈을 뜬다
사월과 폭포수 버무린 고기 맛은 혀를 녹인다
삼원가든에서 삶을 음미해본다

사월을 보내며

사월은 모두 다 꽃동네
물감뿌린 화가 자취 숨어 버리고
여기저기 색색물감은 사월꽃으로 피어나
슬픔과 웃음 우리에게 수화로 전한다
이 동네 저 동네 4·19 산동네도
흰 눈물방울은 붉은 눈물방울로 응고되어
파란 은하수로 돋아 오르고
사월은 꽃과 나비를 보며
눈과 향기로 익는 슬픈달
미운 꽃잎은
숨어서 계절로 떠내려 간다

사월이 가기 전에

사월이 가기 전에 한 그루 나무라도 심어봐야지
검은 고목은 꽃과 잎이 피는 줄도 모르고
여기저기 병원신세 바쁜 세월 보내고
그냥 보내기 싫어 오월이 오기 전에
앞마당 뜰에 내 가슴으로 홍도화 두 그루 심어놓고
그 아름다움과 마음의 사연 같이 핀 홍도화는
눈으로 먹는 나의 영양제 약 값이 그리도 아름답다
사월의 마지막 밤을 보내며

4월 꽃향기

사월은 꽃향기 속
이렇게 하루하루가 꿈속같이 지나가고 있다
그렇게 벚꽃, 개나리, 철쭉 눈이 시리도록
아쉬움이 하루하루가 앙증처럼 지나갔다
요사이는 우리집 정원 동백서부터 자목련이 거짓말처럼
아름답던 몸매로 나를 유혹시키지만
웃음 한 점 못주고 마음속 사랑뿐이었다
어느날 아침에 체면없이 기지개를 쭉쭉 쓰더니
훌쩍 떠나고 허물로 남긴 자목련 꽃잎만
마당에 붉은 빛으로 물들어 있었다

매미 울음

계절을 놓칠세라
복들이 왔다 갔다 서성이더니
매미 울음이 귓전을 파고 든다
고추잠자리 날갯짓에
일년 중 반이라는 신호를 보내는 것 같다
제철 울음에 마음 채워 준 느낌 부담 느낀다
매미 울음속 고령으로 흔들리는 마음은
세월을 업고 덤으로 끌려간다

칠월 칠석날

일년에 한번 만나는 오늘은 칠월 칠석
그 동안 얼마나 붙들고 울었는지
울다울다 지친 댓줄기로 눈물 퍼 붓는다
잠수교도 아닌데 사랑의 오작교
빗물로 잠기고 줄기줄기 맞으며 사랑 나눌까
풀잎에 이슬방울 흔적 남기고 떠나듯
비 그치고 오색무지개 뜨면 타고가
견우 직녀 떠나는 예쁜 절경 봐야지

2008 한가위 보름달

늦은 밤 품에서 자라난 둥지새 몇 마리
그 빈집 같은 허전한 곳에
입에 밥들을 물고 찾아왔다
하늘에는 한가위 보름달 구름 사이로
얼굴을 드러냈다 숨었다 반복중인
그 달 속에 옛날 내 어머니의 모습으로
아른아른 촬영중인 것 같다
내 슬픈 모습 마음으로 그려 넣었다
언제나 보름달 속에서 내 바쁜 인생 모습
두고두고 보아라 한가위 보름달 속에서
엄마의 진품 마음 사진 한 장으로

2008 여름 휴가

지난 장수국립 운장산
자연 휴양림에서 행복을 누리는
즐거운 여름휴가
운장산의 하늘 밤새 안개 이불
잠에 취한 산은 얼큰한 다슬기 해장국 청한다
삼복중 인생의 아침도 운장산
한그릇이면 따봉이다

말복을 앞두고

가을 남기고 떠나기 싫은지
입추 지난 요즘 날씨 가마솥 달달 볶다가
아니면 배탈이 났는지 시시때때로
치매병 환자되어 싸갈기다 웃고
세월 오고 가는 것 누가 말릴 수 있나
때가 되면 떠나고 오는 것
엊그제 초복이라 했는데 중복에 이어 또 말복이 오고
누가 누가 다 먹어 치웠는지
살아남은 멍멍이는 고령의 시대 아는가 봐

입추

입추 찾아 온줄 아는지
한 입에 삼키려는 햇빛 어디로 숨고
찌푸린 얼굴로 떠나기 싫은지
구름만 서성거린다
그렇게 울어대던 매미 울음 한 풀 꺾이고
벌써 귀뚜라미가 밤이면 숨어서 울어댄다
계절 바뀌는 연습중인지
이렇게 처방전 없이 또 한해 보내고
세월 피고 지는 줄도 모르고
가슴속 마냥 젊은 마음 남아 흐르네

가을 설악 백담사

때 이른 탓인지 세월의 이랑 속에
길가에 흐트러진 코스모스 색깔들 한창
들국은 숨어서 대문을 걸어 잠궜다
단풍은 덜 익어 땡감 맛이고
말로만 듣던 백담사 인기는 꼬리에 꼬리를 물었다
마음을 씻을 수 있는 넓은 내가
그 세월 저 세월 그대로 흐르고
부처님 염불소리 왔다 가면 경건해지라는
넓은 내가 물소리로 와 귀에 젖는다

가을비로 바빠진 마음

모든 일상생활에 쫓기는 허전한 마음
왜 이렇게 쓸쓸한 맘 울적할까
아침 일찍 식전검사로 6시에 집을 나설 때
정원에 여기 저기서 귀뚜라미들이 울어댄다
삼일 동안 아침마다 계속 쫓기는 반복의 울음
가을의 마음은 이렇게 허전하구나
대학병원 삼일동안 검사와 진료로
6개월 약을 두가지를 받아왔다
집에 들어 올 때 약도 주식생활 양식이구나
하지만 인생의 허무함을 뒤돌아 본다
가을비 속 정재은의 허무 인생 고백함

입추지난 새벽

어제 입추라더니
잠이 깨인 새벽 공기는 달라졌다
마음을 씻어 간 듯이
시원시원한 기분이다
깬 잠은 떠나가고
어제 만난 딸들과 외손자들이
눈에서 아른아른한 마음이 허전하다
나이 들면서 외로움은 동반자인 듯
입추 싣고 핸들 없는 새벽시간은
고속으로 흘러간다

허수아비 가을 연가

가을 가득 찬 가슴 다 도둑 맞고
낫달 훔치고 간 벌판에
저녁별 하나 둘 세는 너를 보며
찌들고 찌든 남은 빈 내 가슴
다 너를 주고 싶구나
산도 옷갈아 입고 가는 세월에
콤바이로 다듬은 무대 위에
소주와 골뱅이 안주하며
너와 나 가는 세월
가을 연가 왈츠로 밀고 싶구나

가을은 화가의 계절

가을은 사랑임을 알았다
떨어지는 것들을 보며
화가는 미친 단풍을 술보다 사랑했고
즐겁기도 하지만 배로 외로울지도 모른다
단풍산 모퉁이 왜 이렇게 허기지며 힘이 드는지
아픔 떼어 버리고 소낙비 태풍 몰아치던
그 힘든 세월들 렌즈에 담았다
십년 아니 백년 뒤 전해질 때도
언제나 화가는 단풍산 가을빛으로 남으리

숨어서 내리는 가을비

모두 고이 잠든 새벽 숨어서 내리는 가을비
잠 못든 가슴을 깨우며 사박사박 내린다
2005년 11월 셋째주 새벽
귀는 숨어서 순간 감시 카메라로 변신
가을비는 쓸쓸한 상사화 꽃대 같다
가로수 온산들 불이 타고 사람들은
온몸 맨손 불끄기 구경 한창이다
산불은 똘물로 세월 싣고
이 비 그치고 나면
낙엽따라 가을 숨어서 떠날 모양이다

겨울 연가

운동길 12월 갈대들 보며
싸아싸아 귓전에 찬 바람 갈대 한숨소리
그 모습 보면
평생 수전노로 살아온
억세 모습 다를 바 없구나
갈대나 억새는 기다림으로
다시 태어난 나는 다른 존재로
세상 줄줄 아는 아가페 사랑으로
태양앞에 다시 꿈꾸는 값진 뿌리 하나 부럽다
한 장의 며칠 남은 쌍춘년 겨울연가로

지난 겨울 설화이야기

금년 겨울에는 눈이 자주 내린 편이다
기름값 시샘이나 하듯 제법 겨울 행동 드러냈다
어제 밤에도 우리집 계단 위 정원 뜰에 핀
시기꾼 같은 유기농 설화꽃들이 소복소복
온천지를 아주 명품 중 명품으로 유혹이나 하듯
고창에서 시집온 고창댁도 설화의 절경으로 우아한 모습이다
몇 그루를 감상 눈으로 만져봤다
봄 매화로 콧잔등이 얼어 터질까봐 죄인처럼
사라지고 아주 멋진 설화 요술심술쟁이다

제1부

색깔없는 박꽃

고향 실은 기차 여행

전주행 기차 여행으론 처음 길
푸른 오월 살아 숨 쉬는 하늘은 땅을 품고
만족해 보인 들녘의 마지기 논들
찰랑찰랑 물 담긴 노적의 부두
계절은 유성 꿈을 실어 나르고
여름밤 밤낮 없이 낮달로 교감하는
가로등 불빛 훤하다
어느새 한옥단장 고향 전주역
고귀한 판소리로 손님을 맞아 준다

들꽃들 아름다워

언제 어디서 봐도 들꽃들 아름다워
크고 작고 상관없이 꽃이면 아름다워
요사이 피는 아주 작은 냉이꽃 흰 눈꼽도 아름다워
그대들 숨결도 휘어진 육신들도 아름다워
시간 잘라먹으며 햇살로 피운 마음 아름다워
정원 먼저 핀 개나리 동백도 아름다워
골목길 라일락 향기 꽃보다 더 아름다워
들꽃 핀 오색물결 울렁울렁 아름다워
자홍빛 사라지는 꽃구름 모습 그리움 아름다워

새벽 빗소리

새벽 빗소리에 눈을 떠보니
사월 쫓는 얼굴 없는 도둑이 울고 있다
꽃샘을 시샘이나 하듯
활짝 웃는 꽃향기 몰고 가고 있다
꼬리 감춘 겨울은 숨어서 꽃웃음 흔들고 흔들리다
떨어지는 눈물방울 마다
덧없는 인생의 바람이어라
새벽 빗소리 꿈처럼 사라지고 나면
낮에는 햇님은 웃고 조각달 와서 돌고 간다

왔다 가면 그만인 것을

슬픈 마음을 주지 말고 가는 게 그 뿐인 것을
가을은 시린 계절 외로운 계절
시인이라고 팬티까지 벗을 수는 없는 것을
간직하기가 너무나 힘든 가을 코스모스 길
가을 들판 황금 알알이 영근 곡식 보면
잘 살고 잘 먹고 잘 쓰고 가는 것을
다 잊어버리고 살다 가면 그 뿐인 것을
행복으로 그리면 행복이고
우수 잡지에 잘 남기고 가면 그 뿐인 것을

사랑쌓기 바보연습

소중한 사람의 배신에 어찌 할 줄 모른 바보
사랑쌓기 연습뿐인 방법 모르는 병든 바보
지울 것 지우고 쓸 것 쓸줄 모르는 미운 바보
잘라버릴 것 버리고 다듬을 것 모르는 바보
세상 바로 살고 신선감만 맛보고 사는 참 바보
상대 아픈 부분 말로 치료하며 돌을 쌓는 바보
믿은 나무 고목돼 허무 말고 다시 쌓기 연습 바보
허무로 무너질 때 쓰러지지 않는 참다운 바보
모두 다 끝날 때까지 사랑쌓기 바보 연습 바보

만찬회 회식날

어제는 어버이날이라고 잘 보내고
오늘은 시골언니 오신지 며칠 만에
둘째 조카가 와서 오늘 아사달 횟집에서
이모, 이모부님들에게 대접한 멋진 점심을
조카에게 받았다
만찬의 점심은 잘 먹었지만 언니를 모시고 떠날 때
섭섭한 마음은 이게 바로 형제윤기인가 싶다
소중한 물건 잊어버린 것 같지만 효자 자식들이
너무나 고맙고 행복한 언니 뒷모습이다
부모님께 효도하는 조카들 보내며 고마운 생각이 든다

2007 선운사의 백중날

가고 싶어 단숨에 달려간 선운사 뜰
사시가 넘은 고요가 깃들다 못해
스님의 염불소리 산을 감고 돌고 온다
뜰 백일홍도 반가운 웃음 짓고
그 날의 햇빛과 땀은 너무나 행복했고
법당은 경건한 자세로 불공드리는 마음들
조용히 대초 한 자루 올리고 백팔번뇌 올렸다
파란하늘은 바다로 떠 시원해 보이고
사천왕 문 열리고 극락의 연꽃길 트이고
돌아서는 발걸음 선운사에 마음 싣고 가벼워진다

우리집 삼대의 생일

매미울음 우는 칠월의 계절
우리집 삼대의 생일이 줄지어 있다
할아버지와 아들, 손자 축하공연단의 매미
연주곡에 언제나 고마움이 든다
한해 한해가 가슴속 깊숙이 입력으로 남는다
매미 울음도 한때, 고추잠자리 허공도 한때
집 뜰에 우는 귀뚜라미도 한때, 글을 쓰는 마음도 한때
매미울음의 삼대 생일의 계절

늦더위 제비 떼들

벌써 떠나야 했던 철 잃은 제비떼들
전선에 줄지어 앉은 제비들 주루룩이다
지구 온 나라로 떠날 줄 모른 세월들
여름 빙과류는 날개치는 제철이다
벼들은 추석을 따라 잡지 못하고
덩달아 과일맛도 철이 안들었다
늦더위 한풀 꺾인 빗속에 허겁지겁
여름 꼬리 물고 쫓겨 가는 세월이다

나무중의 나무 참나무

– 운장산 숲 해설 안내

상수리 나무

입 가장자리의 톱니가 흰색

갈참나무

신갈나무와 비슷하지만 입자루의 길이가 1~3cm로 길다

굴참나무

잎 뒷면이 희고 수피에 코르크 층이 발달

떡갈나무

잎이 가장 크고 뒷면에 털이 있다

졸참나무

잎이 가장 작고 잎 가장자리의 톱니가 갈고리처럼 안으로 큰다

신갈나무

잎이 크고 잎자루가 거의 없다

수전노 접시꽃

접시꽃 푸른 대궁위로 힘겨움 속에도
희망의 자판기로 움켜 쥔 수전노
엽전 담낭 주머니를 마디마디 꿰어찬다
바보같이 쓸 줄도 모르고 알차게 알차게 주렁주렁
꿴 주머니들 야무지게 야무지게 꼭꼭 싸매고
생애를 살아 보지만
가슴이 있다면 찢어진 우산 속 같다
길가 하얀 빨강 접시꽃 얼굴도
활짝활짝 웃어봐도 접시꽃 너는
수전노 바보같은 망부석이다

할미꽃 검붉은 털

옛날에는 산에 오르면
묘봉문 위나 그 옆에 할미꽃이 피어 있었다
그늘도 찾을 줄 모르는 소박함 속 욕망 가득 담은 꽃
척박한 잡초만 무성한 땅
그 곳에 그대가 머무는 한 없이 붉기만 한 꽃잎
보일세라 슬며시 감췄지만
햇살에 비비며 수줍음을 즐기더라
밤이슬 머금고 짱짱히 땅 부여잡고
하늘 향하지 않고 고개숙인 천년 만년 부싯돌로
요사이는 생화로 핀 고개든 할미꽃들
종로 도산 흐드러져 지천으로 피어있다

색깔 없는 박꽃

한뼘의 인생 흰 박꽃처럼 살고보면
언제나 값비싼 물건 값이 되더라
믿는 나무 가슴 찌르며 헛소리 할 때
상대가 너무나 황당할 때 위경련 된다
색깔 없는 박꽃처럼 살아라
물보다 진한 피도 인정이 안 될 때는
구토해 버려라
물 섞인 휘발유라 생각하며 버려 버려라
언제나 고요로핀 색깔 없는 박꽃으로
가시가 센 한뼘의 인생 박꽃으로

고향 들꽃들 보며

몇십년 지난 고향 들꽃들 보며
고향마을 환히 웃는 향기 한잔 마신다
어린시절 다니던 길은 넓어지고
아버지의 5일장 쉼터 고개 명태 몇 마리 대신
오순도순 낙락장송 몇 그루 그 시절 증인들
그 세월 이야기로 전해준다
앞잔등 너머 어머니 메밀밭 목화밭은
그림자도 사라졌다
할미꽃 보며 지난 세월 뒤돌아본다
먼저 떠난 배들 어디쯤 가고 있을 깊은 눈물 고인다

모정의 빈자리

계절이 바뀔때면
모정의 빈항아리 어머니 발자국마다
숨은 숨소리 귓전 울리고
아들아들 세상에서 꼭 필요한 사람되라고
모정의 사랑사랑 알리리다
인생살이 돌려주고 돌려받는
모정의 빈항아리
계절이 바뀔때면 빈항아리

고향 집 찔래꽃

2008 가을에 축화로 피는 고향집 찔래꽃
희망도 향도 진한 소쩍새 울음 그득하다
흙도 산천도 정이 찌든 내 고향
그 날을 기다리기에 애태우던 그 가을
누군가가 위로를 받았다면
그것은 진심으로 시를 쓰고 있기 때문
즐거운 것 좋은 것 사라지지 않는
사람 세상에 솟아난 모든 진심인 것
혼령이 깃들기에 그러하다
따스한 온기 짙은 찔래향은
영원히 지지 않는 고향 그 집이 되리라.

어머니 허물로 가시고

몇 십년전 이야기
부모는 자식에게 언제나 그리움
어머니 병환으로 계실 때
생전이나 사실 것도 아닌데
허겁지겁 간다는 딸 뒷 모습 보며
봉창문 열고 섭섭히 바라보시던 모습
자식 그리워하는 부모맘 이제야
내가 그 자리에 앉아서 철이 듭니다
그까짓 사랑이 뭐라고 그게 다 뭐라고
후회가 막심막심 하며 용서 빕니다

제1부

기행시 편

백자리 음

지팡이 없는 김삿갓되어 이 마을 저 마을
남한강(南漢江) 상류 따라 마음 씻고
허기진 마음 손 내밀어 술 한잔커녕
물 한잔 목마르다
살아 진천 좋다지만 백년고개 넘어 찾아간
백자리 둘러친 산새 양자산 겹겹
천엽의 보약 백년 몇천년 장수촌이다
시원한 용담천 동네인심 감칠맛이며
시퍼런 앞산 살아 내게 다가와 수화로 오라하네
백자리 천자리라 해도 어디에도
이런 마을 없을 것
그만 주저 앉은 마지막 쉼터 고향되고 말았네

강원도 기행 · 1

– 영월

청량리 중앙선 타고
칠팔월 푸르름의 바다터널로
메밀꽃 산지 몇시간 주행 끝에 영월 도착
관문 들어서자 고장 명물 간판들
서양을 닮은 새파란 알몸 눈 해장국속에
동강인양 누워서 맛을 자랑하는
다슬기들 영월 품어 혀를 녹인다
둘러친 강물결 인사의 눈짓인 듯
물결로 일렁이며 굽이굽이 미소준다

강원도 기행 · 2
- 강원도 메밀꽃 산지 평창

그림자와 떠난 여행이라 그런지
평창의 외로움 맛보며 하룻밤 묵는다
버스 끝 부분 탄 탓인지
독오른 독사 같이 혀 꼬리 흔들어댄 탓인지
여행이 어지럼 독이 나서 고통스러웠다
어디고 메밀꽃은 때 이른 탓인지 볼 수 없고
평창시장 올챙이 국수 한창 준비중이며
메밀 점병 붙임들로 장이 섰다
흔적의 냄새라도 맡고 나서
어머니의 메밀밭 생각이 난다
보고 싶은 마음 안고 돌아서는 발걸음
서운한 꽃 산지를 떠나 왔다

지리산을 찾아 간다

매년 찾아 가지만 언제나 어머니 품속 같은 산
가면 갈수록 가고 싶은 거대한 산이 정을 준다
계곡중 옛날에 뱀이 많다고 뱀사골
지금은 건강 주는 신선골이다
옛날 6·25때 살고 싶은 사람들은 다 찾아왔다
죄다 학살당해서 골물이 피물로 흐르다 못해
돌까지 빨개져서 피아골로 이름 한다
자주 가는 이유는 산새 너무나 깊고
아름다워 저절로 발길 들어선 때문이다
때 묻지 않은 공기 사람들의 친절
피로 피는 푸른 산 눈으로 안 보인 건강을 준다

지리산을 가다

섬진강 따라 지리산 자락 밟으며
찾아간 화개장터는 하동 녹차향을 풍겨댄다
남도대교 위로 이름모를 삼형제 산은
인간의 천갈래 만갈래 길을 알려준다
우리 인간들 귀가 어두워 안보일 뿐이다
그 위로 떠있는 숨쉬는 무지개 가슴속
심어준 듯 마음속 밝혀준다
화개장터의 점심 맛은 섬진강을 말한다
옛날 가위질 엿장수 장터만이 아니고
현대인 녹차향 멋쟁이 맛 장터도 된다

지리산 별따기

작년 이맘때 지리산 피아골
아름다운 산장 평상에 조카와 누워
인숙아 별 따봤니
응, 북두칠성은 따서 이모줄게
맑은 물 은하수는 내가 건너고
지리산 담은 별은 아름다움으로
남겨두어야지 홀로가는 저 별은
어머니 별같이 걸어가네 이모야

섬진강 늦은 밤길

어둠 속에서 강물도 먹물로 흘렀다
장맛비가 씻고 헹구어도 지워지지 않았다
산사로 가는 길은 몹시 등이 굽어 있어
보지 않고도 고단임을 알게 했다
섬진강 늦은 발길엔
물먹은 호텔 불빛이 서성이고 있었다

을왕리 해수욕장

섬 속의 을왕리 해수욕장
계절 쓸만한 이름 다 떠나고
그대 늦은 인천 광역시 해수욕장
울긋 불긋 튜브와 수영복 파도로 버무린
시원한 팥빙수다
여름보다 훨씬 초가을 파도
마지막 인파는 하늘 찌른 더위 탓인지
물가는 바가지로 넘친다

연안부두의 석양

어둠이 부서지며 밤이 피어나는 석양
갈매기 하얀 언어
석양의 부두는 하늘 밭을 갈아 엎는 갈매기들
외항선에 실려 온 잿빛 목화송이 끼럭끼럭
하늘 그림자 너울너울 피운다
뱃고동 소리 잠재운 석양의 붉은 얼굴
닻 내려 발목 묶인 배들
반짝이는 불빛들 멀리 보인 산 잠든 바다
렌즈에 담아봐도 그런 작품 한 점
세계를 받아들이는 외항 부두치고는
지친 바다 여기저기 저녁 풍경
불빛만 눈감았다 떴다

인천 영종도

영종도 섬 옛날에는 그런 이름 없던 신 공항 신도시다
섬이라는 말이 무색할 정도로 넓고 크다
유난히 아름다운 소나무 잘 가꾼 도시
굽이 굽이 넓은 논에는 벼들
몸값이 황금 부채살이고 영종도도 섬이 아니다
금종도라 불러야 할 곳 같기도 하다
넓은 들 벼들은 노적이 되고
진작 영종도에 가서 굴러볼걸

진도는 아름답다

시골전형 산간에 누런 송아지 두 마리
보리목이 아름다운 산두덕, 밭두덕
누런 유채꽃들이 여기저기서 내 마음 사로잡는다
진도는 아름다운 명품 고장이다
육지보다 넓은 바다는 세계를 다 주어도 바꾸지 않겠다는
늠름한 물결 여기저기 자기가 제일이라는 섬들이 버티고
보석으로 밝혀 몸값을 말하고 있다
넓은 바다에는 갈매기 떠가는 모습들
서해와 남해가 만나는 진도섬 하늘에서 내려다보면
발가락 섬, 손가락 섬, 하마 같은 섬들이
153개나 바다도시로 정박하고 있다

부산 해동 용궁사

1
한가지 소원 이루어 준다는
해동 용궁사
바닷물 철석이는
수상 멀리 보이는 법당
물아래 발 담그고
용을 타고 현하 하셨다
몽중에 해동 용왕 큰스님 꿈
봉래산 끝자락에
절을 짓고 기도하면 우순풍조하리라
그 후 스님 절짓고
보문사라 했다
임진왜란 전국토가 토벌되고
다시 절지어
해동 용궁사라 했다

2
내가 이세상에 올때는
어느 곳으로부터 왔으며

죽어서는 어느 곳으로 가는고
재산도 벼슬도 모두 놓아두고
오직 지은 업을 따라 갈 뿐이네※

※ 법구경에서.

원주문학 기행

말만 듣던 원주기행은
동인 대접으로 가을 알밤 알찬 기행
한눈에 보이는 원주는 문화의 문학 도시
원주 영월 오가며 동인생활 감동 느끼고
박경리 선생 한국 여성상으로
더 할 말없이 모두 그렇게 살다 가고 싶으리
원고지 3만매가 넘는 분량 역작
토지 제4부, 제5부를 집필했다는 그 부러움
고을고을 버린 노루목 김삿갓 큰 잔치 만나고
가을 익는 계곡 산마을 토종닭과
명물 산 더덕주로 점심을 만끽했다
절경 속 현수막과 교수님 동인들
시낭송의 그날을 기행으로 남겼다

평창기행

평창행 버스는
뒷좌석이라서 그랬는지 몹시 흔들렸다
닿자마자 심한 멀미였다
메밀밭엔
메밀꽃이 피어있지 않았다
허허로움도 허탈도 아닌
멀미보다는 공허로움을 맛보았다
메밀전병이라도 맛보아야
허탈을 떨쳐 버릴 것 같았다
꿩대신 닭이었다
마음의 허기를 이렇게 달랬다

오늘의 왕십리

순간의 선택을 좌우한 왕십리
무, 배추, 호박 꽃 피던 시절 사라진지 오래
어언간 사오십년 가까워진 고향되고 말았다
제일 먼저 봄을 실어오는 개나리 돌산들
바닥이 보이는 우물위에 뜬 왕십리 무지개
아름다운 전설 한 대동산은 보물섬이다
계좌타고 황금덩어리들 굴러굴러 들어오고
맑은 한강물 청계천타고 굽이굽이 흘러흘러
살곳이 다리 위아래에 원앙 물오리
무리지어 국화동산 피운다
으뜸성동 신구청 왕십리 거울되고
문화의 우체국 오거리 밤 가로등 빛 축제 분위기 오늘의 왕십리

운일암, 반일암

– 장수기행

잠시들른 그 곳 산과 공기로 취했고
하늘에는 초생달 기생눈썹이 걸려있다
첩첩산속 도로 옆 피서객 절정
반일암 다리 밑에는 천만년 자연 암석들이
무릉산장이루고
용강로로 뜬 해는 산등성 타고
수줍음을 반복한다
숨었다 다시 드러내는 그 절경
운일암, 반일암을 말해준다

꿈에서 본 도둑

선상에서 본 도둑 양재물 같다
어쩜 그렇게 내 꿈속에 들어와
머리 끝에서 발 끝까지 마디마디 잘 더듬어
육신을 사골 뼈다귀로 남겼을까
꿈에 본 그 도둑은 장님이 아니란 말인가
얼마나 보석 빛이 어두웠을까
도둑은 언제나 명품보다는 가짜 아닐까
그 천덕이처럼 본 그 반지 하나
보석이 아니더라도 도둑만은 많이많이 행복하여라

섬

– 우도

다시 찾은 우도는 쪽빛 바다
해 돋는 신비의 해안
섬은 소 한 마리듯
꿈틀거리는 형국이다
손자 손엔 빈 소라의 고동소리
때 묻은 꿈을 씻는다
맨발의 모래알
꿈틀꿈틀
초록 눈썹에 걸린다

제주 중문에서

중문의 파도는 선녀의 은빛 이불을 폈다 접었다 반복이다
세상이 바뀐 탓인지 강원도 몇 번이나 가도 이사 갔는지
못 본 메밀꽃 요사이 사람만 문화도시 좋아 하는게 아니라
식물도 환경따라 살고 싶은지 중문단지에 살고 있었다
생전에 좋아 하셨던 메밀 꽃 보면 부르고 싶은 이름
어머니하고 쳐다보니 꽃은 벌써 눈시울 맺혀있었다

서귀포 이승만 별장

사람은 가고 없어도 그 영혼 담은
서귀포 이승만 기념관에 허니문 하우스
오늘도 하늘 공경하고 오는 사람 사랑한다
3·1운동 임시정부 대통령 시절의 사진과 옷이 진열되어 있다
프란체스카여사 내외의 다정한 모습
손을 맞잡고 웃는 표정 아름답다
절경의 파도는 그 삶처럼 몰고 와서
파도에 계란을 터트리면 수직으로 실크로드 흔적 남기고
문섬, 섭섬, 범섬 칠십리를 반복으로 돈다

열린 청계천

청계천을 걷다보면 한강은 대기업 회장
청계천 상류에는 맑은 물이 흐른다
대기업이 흘려 보낸 후대 물줄기는
넘버 없는 증권이나 수표로 시민들 마음된다
윗물이 맑아야 아랫물도 맑다는 옛말
사람구경 눈 구경 재빠른 오리는 쌍지어 놀고
사람대신 온양돌들 구경왔다 밑구멍 박고
자리잡고 안간다고 때쓰고 절경이루고
토종박이 온양석돌집 자리잡고 살고 있다

해남 땅끝 두륜산 케이블카

아침 일찍 달려간 해남 땅끝 마을 특산 그곳을 오른다
두륜산 케이블카가 첨단으로 시설되어 있다
케이블카 타고 한참 오르다 또 계단을 오르면 정상에서
사방이 아찔히 보이는 그림 같은 풍경들
흑석산, 월출산, 향로봉, 천왕봉, 서기봉, 국사봉
광주 무등산, 석문산, 덕룡산, 강진만 주작산에게
산천태산 약산도, 고금도, 생일도, 신지도, 고마도, 청산도
안도 봄섬, 소안도, 제주 한라산, 당사도, 횡간도, 노화도,
보길도, 북평 윤도산, 진도, 첨찰산이 안개속 드러나 보인다
누구나 한번쯤은 기행해 보세요 해남의 명품 그 곳으로

모항 해수욕장

가끔 들르는 모항 해수욕장
파수꾼 업무로 경비 서있는 해송들
세월을 말하는 자연의 몸매 낙락장송들
쟁쟁한 맛 자랑에 비유하랴
색색의 수영복 차림들 바다와 조화 이룬다
지나간 세월 뒤돌아 보지만
잡히는 건 아무것도 없는 허무한 마음이다

송추계곡에서

도시와 사람을 벗어난
송추계곡 공기는 인사동 거리
오월 중반
깊은 물

산들은 물이 두려운지
꿀로 입을 봉했는지
입 다물고 얼룩소들로 서있다
연두빛 햇살
송화가루향 뿌려대며
사람들 가슴 속
푸른 꽃 피워주는
송추계곡

두물머리에서

두물머리의 흐르는 물을 보며
그냥 미련 없이 떠났다 기다리며 흐른다
세미원 연꽃길 운길산을 바라보며
물의 흐느낌은 두물머리 재회의 숨소리다
천국의 길 하늘아래 구름다리로
견우, 직녀 되며 하늘이 이룬 사랑이다
강변집 그 날의 매운탕 술맛은 사랑 맛이고
언제나 지나며 봐도 그 드러난 몸체
한 몸되며 두물머리로 겸손히 흘러가고 있다

오색약수터

가족끼리 가을 설악을 찾았다
말만 듣던 오색약수터
남설악 절경과 삼대의 발도장
약수터 굽이굽이 오작교 지나고 지난 물 맛으로
버무린 맛은 시큼달큼 신비의 오색잔이다
미시령, 한계령, 남한 금강산
지친 숨소리도 오색 약수물
인간은 가도 신비의 우뚝 선 돌틈에서 사는
노송들
몇 만년 드나든 인간들은 가도
영원으로 남을 금강산과 오색약수터

하롱베이에서 본 굴

1989년 어느 어부에게 발견된 굴
석순이 자랄려면
몇 만년이 걸린다는 석순
굴 입구엔 죽은 석순도 메달려 있고
태고의 길이겠지
용두마리가 서로 등천하기 위해
몸부림친 자국에는 비늘이 그대로
말라 석회로 굳어있고
수놈 한 마리는 하늘로 등천한
흔적으로 하늘 구멍에서 볕도 든다
어마어마한 하늘 궁전 석순 하롱베이 굴

베트남 기행에서

베트남 본 관점에서
아직도 오래된 세월이지만
전쟁의 후유증을 앓고 있는 모습들이다
그때의 마마자국으로 보이는
도로옆마다 폭탄의 눈물 덩어리로 고인
쓸모없는 지난 상흔의 흉터로 보인다
아시아에서 땅 토질이나 모든 것이
한국이나 중국과도 많이 뒤 떨어져 있다

베트남 유람선에서

넓은 바다 제자리 주저앉은 섬들
셀 수 없는 이름모를 몸체로
각자 자기 포즈로 서로 자랑한다
그 절경은 몇만가지 포즈들
모습을 보면 환상의 절경이다
우리는 키스 바위에서 단체사진을 찍고
인간에게 수화로 건네주는 모습들 보며
우리 마음들은 환상적으로
그 표정을 마음대로 해석한다

바다아닌 바다 횟집

발걸음 멈추게 한 낯익은 시장 모퉁이
실비모듬횟집
칼을 든 엿장수는 요사히 맞는 주머니 실비집
증권 불꽃 번뜩이며 하늘 치솟는다
해외펀드시장 붉은선 그어 올라간다
서민들 눈 구경 허영기 든다
실비속 들어간 지갑, 가루가 묻지 않은 젊은 사장
얇게 뜬 가위질 엿장수 그 맛은 단맛
소주와 회, 매운탕 상대의 술맛
시대 흐름 속 바다 아닌 바다 실비 횟집아니던가

제5부

시집 평설

허무의식과 허무의 극기의식

박 진 환
(문학평론가 · 문학박사)

1. 前提

일찍이 롤랑은 "나는 허무와 싸우는 생명이다. 나는 허무가 아니다. 나는 허무속에 타는 불이다"라고 피력한바 있다. 이 말대로라면 허무의식이나 허무감과 같은 공허나 허탈, 허전이나 덧없음 같은 것은 기실 비극적이고도 절망적인 의식이 아니라 이와는 반대로 이러한 정신현상으로부터 극복되고자 하는 생명의식이라고 할 수 있다. 또 허무 속에 타는 불로 보면 허무를 연소하고자 하는 것이 되고, 허무라는 무명을 밝힘으로써 허무로부터 벗어나고자 하는 에너지의 충전쯤으로 보아줄 수 있게 한다.

해석이야 어떻건, 허무의식은 근저에는 헛됨, 덧없슴, 공허감, 좌절이나 절망감같은 것에서 일탈하지 못했을 때 체험하게 되는 정신적 절망감에서 연유한 것만은 사실이다. 그리고 이러한 허무의식으로 작용하게 하는 또 다른 이유로는 스스로의 생에 대한 부정이나, 단독자의식이나, 스스로의 병약이 가져다 주는 절망감으로 작용하는 所患같은 것들도 허무를 불러일으키게 하는 요인이 될 수 있다. 그런가 하면 존재나 생에 대한 회의, 사랑이나 욕망에 대한 회의 따위도 같은 맥락성을 지닐 수 있다.

그렇기는 하나 허무에의 도전이나 투쟁을 통해 극복하고자 했을 때, 극복하고자 정열을 연소함으로써 생명에의 에너지를 방출했을 때 허무는 극복되기 마련이거나 허무로부터 일탈될 수 있게 된다.

이를 달리 지적하면 허무의 인식이나 의식 자체가 허무로부터 극복되고자 하는 정신역동을 수반하고 있다는 뜻이 된다. 곧 허무의식과 이에 대한 방어 메카니즘이 동시적이라는 이치를 성립시킨다는 뜻이다.

시인의 경우도 예외는 아니라고 본다. 시인의 시에 배어 있거나 허무의식이 되풀이 되고 있다면 이는 허무 자체가 아니라 허무로부터 부단히 일탈하고자 하는 또다른 에너지의 방출을 감행하고 있는 것이 된다는 이치다.

일찍이 프로이트는 미움의 감정에서 해방되지 못함으로써 수반되는 불안 · 긴장 · 초조와 같은 정신상태에서 벗어나기 위해 미움과는 반대되는 쪽으로 에너지를 방출함으로써 정신적 평행의 균형을 유지할 수 있는 것으로 정신역동의 한 예를 들고 있다.

이 정신분석학적 이치를 허무에 대입시키면 허무의 인식이나

의식은 그 자체속에 이미 허무로부터 극기되고자 하는 방어 메카니즘을 동원한 것이 된다. 곧 허무와 반대되는 의식쪽으로 허무에 집중된 에너지를 철수시켜 역으로 방출시킴으로써 극복되고자 하는 방어메카니즘을 동원했다는 뜻과 같게 된다.

정재은 시인의 다섯 번째 시집이 되는 『세월이 흐른 뒤에』 가 바로 이런 경우에 해당될 듯 싶다. 그것은 이 시집을 관류하고 있는 이미지가 허무로 대표되거나 그 중심자리에 놓이기 때문이다. 시를 제시, 구체화 했을 때 이해를 도울것으로 본다.

2. 허무의 몇가지 양태

시집 『세월이 흐른 뒤에』를 관류하고 있는 허무의식은 몇가지 양태로 유형화 되고 있다. 그 첫 번째가 노령이 수반하는 생의 덧없슴이 환기 시키는 허무의식이나 허무감이다.

가) 청초한 도라지꽃 같이 살아온 푸른 세월
남는게 언제나 푸른 산이다
죽은 듯이 죽은 듯이
그렇게 그렇게 살다 가고 싶다
그렇게 살다가 모든 지나간 것들이
식어가는 심장에 다시 산책을 했기에
소중한 삶의 벗들 덕분으로 남는다면
감추고 감추고 싶은 부모마음 훗날 풀잎 잡고
세월의 허공에게 들어보아라
가고난 세월 흐른 뒤

나) 계절을 놓칠세라

복들이 왔다 갔다 서성이더니
매미 울음이 귓전을 파고 든다
고추잠자리 날갯짓에
일년 중 반이라는 신호를 보내는 것 같다
제철 울음에 마음 채워 준 느낌 부담 느낀다
매미 울음속 고령으로 흔들리는 마음은
세월을 업고 덤으로 끌려간다

다) 어제 입추라더니
잠이 깨인 새벽 공기는 달라졌다
마음을 씻어 간 듯이
시원시원한 기분이다
깬 잠은 떠나가고
어제 만난 딸들과 외손자들이
눈에서 아른아른한 마음이 허전하다
나이 들면서 외로움은 동반자인 듯
입추 싣고 핸들 없는 새벽시간은
고속으로 흘러간다

예시 가)는 「고령이 흐른 뒤에」의 전문이고 나)는 「매미울음」의 전문, 그리고 다)는 「입추지난 새벽」의 전문이다.

예시 가)에서의 시행 '세월의 허공', 나)에서의 '고령으로 흔들리는 마음', 다)에서의 '나이 들면서 외로움은 동반자인듯'에서 읽을 수 있듯이 각기 표현은 달라도 다같이 고령이 환기시키는 허무의식의 허탈감이거나 생의 덧없슴 그리고 인생의 허무감으로 제시되고 있다.

따지고 보면 이런 허무의식이 어찌 정재은 시인 뿐이겠는가. 인생은 예외없이 인생황혼인 노경을 맞아 세월의 덧없음이나 허무의식의 외로움이거나 삶에의 부질없음 같은 것을 본능적으로 체험하는 것을.

문제는 인생무상과 같은 이러한 허무의식의 이면에는 인생무상을 극복하고자 하는 디펜스 메카니즘으로서의 정신역동이 작용하고 있다는 점이다. 그러지 않고서는 허무니, 덧없음이니, 외로움이니하는 따위를 푸념이 아닌 이를 초극하고자 하는 시적 승화로 형상화 하지 않았을 것이기 때문이다.

시가 비록 종국에 가서는 시인 자신의 기록이라 하더라도, 이는 사실적 기록이 아니라 사실을 시적 경지로 이끌어 올려 창조적 경로로 초월시키거나 승화시킨다는 점에서 사실을 초월하게 된다. 그리고 사실의 초월은 사실에서는 체험할 수 없는 사실보다 새로운 사실만이 환기시킬 수 있는 미적 체험을 하게 해준다는 점에서 사실을 초월하게 된다. 예시들도 그런 안목으로 보아주었을 때 비로소 시적 의미로 읽히게 된다.

두 번째로 대표되는 허무의 양태는 세월이 가져다 준, 허비해버린 생에 대한 허무의식이다. 대부분의 경우 세월의 흐름에 업혀가버린, 되돌릴 수 없는 생에의 허탈감이랄까, 허전함같은 것으로 작용하고 있는데 역시 시를 제시했을 때 이점 보다 극명해질 것으로 본다.

가) 가을 가득 찬 가슴 다 도둑 맞고
낮달 훔치고 간 벌판에
저녁별 하나 둘 세는 너를 보며
찌들고 찌든 남은 빈 내 가슴
다 너를 주고 싶구나
산도 옷갈아 입고 가는 세월에

콤바이로 다듬은 무대 위에
소주와 골뱅이 안주하며
너와 나 가는 세월
가을 연가 왈츠로 밀고 싶구나

나) 한 생의 길 따라 가다보면
산길 물길 들길 평탄치만 어느 굴곡에서는
심장을 불태우고 무게 없는 걸음
슬피 울던 날 허무인생을 돌아본다
사계절 피고 지는 꽃들을 다 보내고
물위에 떠가는 생의 마차 달구지가 없구나
서녘에 서서 스스로 잠기는 내 몸
바닷가가 아닌 바닷가에 서서
인생 마차길 따라 세월의 자연길 따라

다) 가끔 들르는 모항 해수욕장
파수꾼 업무로 경비 서있는 해송들
세월을 말하는 자연의 몸매 낙락장송들
쟁쟁한 맛 자랑에 비유하랴
색색의 수영복 차림들 바다와 조화 이룬다
지나간 세월 뒤돌아 보지만
잡히는 건 아무것도 없는 허무한 마음이다

예시 가)는 「허수아비 겨울연가」 전문이고, 나)는 「인생마차길 따라」 전문, 그리고 다)는 「모항 해수욕장」의 전문이다. 가)의 시행 '너와 나 가는 세월' 이나, 나)의 '인생마차길 따라 세월의 자연길 따라'나, 다)의 '지나간 세월 뒤돌아 보지만 / 잡힌 건 아무것도 없는 허무한 마음이다'가 말해주듯 허무의 동인이 '세월'에 잇대이고 있다.

덧없는 세월이 환기시키는 생의 덧없음이나 세월 저쪽을 뒤돌아 보는 회고성 허탈감이 발상으로 작용한 예시들을 통해 읽을 수 있는 것은 역시 붙들어 매어놓을 수도, 가로 막아 정지시킬 수도 없는 세월에 대한 허무이자 막다른 생을 앞에 한 인생 황혼의 외로움과 쓸쓸함이다.

시인은 이러한 노경의 심회를 '세월'을 통해 표출하면서 저물녘의 인생길목에서 회고와 함께 미래를 기약할 수 없는 인간의 유한성이 수반하는 덧없음과 쓸쓸함을 창조적 경로를 빌어 시에 의탁하고 있다.

이 역시 세월의 의식 뒤엔 세월에 끌려갈 수밖에 없는 인생마차길에 대한 두려움과 이를 극복하고자 하는 방어 메카니즘이 작용하고 있다고 보아야 한다. 그 이유는 시는 곧 구원의 통로 열기를 담당할 수 있다는 점에 그러하고, 또 그러한 역할을 시는 담당하고 있기 때문이다. 시는 종국에 가서는 종교적 평가에 의존된다는 엘리엇의 지적이나 문학의 효용에 구원을 추가한 R.M. 알베레스의 효용론이 이에 잇대이는 정신 맥락을 지니고 있기 때문이다.

또 하나의 허무의식이 所患이다. 소환이란 스스로 지닌 지병을 의미하는데 실제로 정재은 시인은 고혈압, 당뇨, 심장질환과 같은 노인성질환에 시달리면서 병원 출입이 잦은 것으로 알고 있다. 건강한 몸의 소유자도 노년기에 들면 인생의 허무를 체험하기 마련인데 병약한 경우 말해서 무엇하겠는가.

어쨌든 정재은 시인의 所患은 노령기의 허무의식과 함께 생의 덧없음을 한층 심화시켜 주는 동인으로 작용하고 있다고 보여진다. 시를 제시해 본다.

가) 요사이는 매일같이 병원 신세뿐이다
눈뜨고 나면 그저 이 병원 저 병원 신세다
아침 일찍 집 나설 때 베란다서 웃어주는
꽃들을 보면 눈 키스를 주고 나간다
오후에 지친 몸으로 들어와 보면 마음만 허전할 뿐이다
사남매 자식들 기르고, 학교 보내고 할 때 생각이
너무나 아쉽고 허전하다
나에게 그저 눈길 주는 꽃들이 있어 눈물을 본다
만지고 키스 한 번 못하는 그런 맘으로 너희들을 보낸다

나) 모든 일상생활 쫓기는 허전한 마음
왜 이렇게 쓸쓸한 맘에 울적할까
아침 일찍 식전검사로 6시에 집을 나설 때
정원에 여기 저기서 귀뚜라미들이 울어댄다
삼일 동안 아침마다 계속 쫓기는 반복의 울음
가을의 마음은 이렇게 허전하구나
대학병원 삼일동안 검사와 진료로
6개월 약 두가지를 받아왔다
집에 들어 올 때 약도 주식생활 양식이구나
하지만 인생의 허무함을 뒤돌아 본다
가을비 속 정재은의 허무 인생 고백함

다) 사월이 가기 전에 한 그루 나무라도 심어봐야지
검은 고목은 꽃과 잎이 피는 줄도 모르고
여기저기 병원신세 바쁜 세월 보내고
그냥 보내기 싫어 오월이 오기 전에
앞마당 뜰에 내 가슴으로 홍도화 두 그루 심어놓고
그 아름다움과 마음의 사연 같이 핀 홍도화는
눈으로 먹는 나의 영양제 약값이 그리도 아름답다

예시 가)는 「목적 없는 생활이다」 전문, 나)는 「가을 비로 바빠진 마음」 전문, 그리고 다)는 「사월이 가기전에」 전문이다.

시편마다 예외없이 '병원'이 제시되고 있는데 '요사이 매일같이 병원신세뿐'이라며 '이병원 저병원 병원신세'라는 예시 가)나 '허전한 마음'과 '울적한 마음'을 유발시키는 '아침일찍 식전검사로 6시에 집을 나설때'의 예시 나), 그리고 '여기저기 병원 신세'라는 예시 다)의 '병원'이 그것이다.

심장 수술에 백뇌장 수술, 한방 침술에 당뇨센터 출입등 사흘이 멀다하고 병원 나들이를 해야 하는 처지이고 보면 고달프다 못해 허무해 질 것이란 점은 체험없이도 미루어 짐작가게 하는 부분이다.

일과처럼 나들이 해야 하는 투병에도 불구하고 완쾌되지 않는 노인성 질환에 허무나 허탈을 느끼지 않는 사람이 있겠는가. 시인의 終身之疾도 예외는 아니어서 인생허무를 수반했을 것이고 이를 시로써 형상화 한 것이 예시들이었다고 할 수 있다.

그리고 所患이 수반하는 병과 병이필연화하는 허무의식도 허무의식 자체가 허무로부터 극기하고 싶어하는 정신지향과 잇대어 있다는 점에서 시적 작용의 디펜스 메카니즘이라고 보아줄 수 있다.

3. 결어

이쯤에서 결론을 제시해도 좋을 것 같다. 정재은 시인의 제5시집『세월이 흐른 뒤에』에 관류하는 허무의식은 고령이 수반하는 허무의식, 세월이 환기시키는 비애의식의 허탈의식, 그리고 所患이 필연화하는 허무감의 삼중주로 제시 될 수 있을 것같다. 그리고 시인은 이를 시로써 형상화함으로써 허무로 부터의 탈출을 시로써 감행하고 있다는 점을 결론으로 집약할 수 있을 것으로 본다.

•

정재은 시인은 월간 『조선문학』 에 시가 당선되어 문단에 데뷔했다. 한국문인협회, 현대시인협회 회원이고, 형상 21 동인이며 조선문학 문인회 심의의 의장, 성동문인협회 이사로 있다. 조선문학 작품상을 수상했으며 시집에 『빈자리엔 그리움이』, 『모사에의 반역』, 『언제나 빈 화분 하나』, 『삶속의 일기』, 『세월이 흐른 뒤에』 등이 있다.

•

조선문학시인선 247

세월이 흐른 뒤에

2008년 10월 20일 인쇄
2008년 10월 30일 발행

지은이 / 정재은
발행인 / 박진환
펴낸곳 / 조선문학사
등록번호 / 1-2733
주소 · 110-092 서울 서대문구 홍제2동 96-4
대표전화 / 730-2255
팩스 / 723-9373

ISBN 89-91811-95-7

정가 7,000원
* 인지는 저자와 합의 하에 생략
* 잘못된 책은 서점에서 교환해 드립니다.